Silke Kobold

AUS ALLER WELT

Fensterbilder aus Tonkarton

Frech-Verlag Stuttgart

Im Frech-Verlag sind zahlreiche andere Titel zum Thema „Fensterbilder“ erschienen. Hier eine Auswahl:

Monika Pfaff-Kern
Auf die Plätze, fertig, los!
Fensterbilder mit Sportmotiven. Aktive und passive Sportler finden hier ihre Vorlagen: Radfahrer, Golfer oder Tennisspieler. Die Motive werden scherenschnittartig gearbeitet und mit leuchtendem Seidenpapier unterlegt.
32 S., Farbf., Vorlagenbg.
TOPP 1564 ISBN 3-7724-1564-4

Sieglinde Holl
Bedrohte Tiere Fensterbilder aus Tonkarton
Die Autorin hält die Schönheit der schützenswerten Tierwelt naturalistisch fest. Kurze Informationen zu allen Tieren über die Ursachen des Aussterbens helfen, unsere Verantwortung für sie deutlich zu machen.
Mappe A5 mit Vorlagen
TOPP 1640 ISBN 3-7724-1640-3

Maria-Regina Altmeyer
Im Urwald ist was los Fensterbilder aus Tonkarton
Herr Kroko geht auf Pirsch, der Elefant im Mond putzt die Sterne, der Affe übt Trompete, die kleinen Nilpferde sind im Kindergarten, und die Termiten gehen auf Klettertour – im Urwald ist richtig was los!
32 S., Farbf., Vorlagenbg.
TOPP 1634 ISBN 3-7724-1634-9

Fotos: Frech-Verlag GmbH + Co. Druck KG, D-7000 Stuttgart 31
Fotostudio Ullrich & Co., Renningen

Auflage: 5. 4. 3. 2. 1. | Letzte Zahlen
Jahr: 1997 96 95 94 93 | maßgebend

frech-verlag GmbH + Co. Druck KG, D-7000 Stuttgart 31

ISBN 3-7724-1682-9 · Best.-Nr. 1682

Druck: Frech-Verlag GmbH + Co. Druck KG, D-7000 Stuttgart 31

Aus aller Welt stammen diese Motive, aus Afrika, Indien, Japan, Amerika, Holland... Sie sind Erinnerungen an bezaubernde Urlaubstage, dienen als ausgefallene Gutscheine und vergrößern die Vorfreude auf eine Fahrt in die Ferne!

Ein wenig Geduld und Geschick brauchen Sie schon für die filigranen Szenen, die ganz bewußt einfarbig gearbeitet sind, in Weiß, in Rot, in Schwarz – denn so wirken sie besonders fein und edel.

Ohne weiteres können Sie Ihr Lieblingsmotiv aber auch beliebig vergrößern, an hohen Fenstern einen attraktiven Blickfang schaffen – damit die weite Welt Einzug in Ihre Wohnung hält!

Viel Freude und gutes Gelingen!

Silke Kobold

Material

Alle weißen Motive dieses Buches wurden aus Bristolkarton gearbeitet; er ist etwas schwerer als Tonkarton. Die sehr glatte Oberfläche erleichtert das Herausschneiden kleiner Teile.

Bristolkarton gibt es nur in Weiß. Wenn Sie andere Farben wünschen, verwenden Sie Tonkarton mit mindestens 200 g/m², dann erhält das Fensterbild genügend Stabilität.

Für das Hinterkleben einzelner Flächen wurde Seidenpapier benutzt. Sie können aber auch mit Transparentpapier arbeiten, das Sie zudem für die Motivübertragung brauchen. Mehrfach hinterlegte Flächen geben einzelnen Szenen noch eine besondere Ausstrahlung.

Zusätzlich brauchen Sie kleine Perlen in der passenden Farbe sowie Zwirn oder Nylonfaden.

Als Klebstoff wurde ein lösungsmittelfreier Klebestift verwendet.

Werkzeug

Sie benötigen folgende Werkzeuge:
- Schneideunterlage
- Klammerapparat
- Bleistift
- Lineal
- Zirkel
- Cutter
- Schere
- Lochzange
- Locher
- Nadel
- Schaschlikstäbchen

Die Motivübertragung

Sie können Ihr Lieblingsmotiv auf unterschiedliche Art übernehmen:

1. Übertragen Sie das Motiv vom Vorlagenbogen auf Transparentpapier. Legen Sie das Transparentpapier mit der Zeichnung nach unten auf den Bristol- bzw. Tonkarton. Damit es nicht verrutscht, klammern Sie es außerhalb des Motivs mit dem Karton zusammen. Dann werden alle Linien nochmals mit Bleistift nachgezogen.

Dabei wird der Graphit von der Unterseite des Transparentpapiers auf den Karton übertragen; störende Linien können später problemlos wegradiert werden.

2. Die zweite Möglichkeit ist besonders sinnvoll, wenn Sie ein Motiv mehrmals arbeiten möchten. Kleben Sie das Transparentpapier mit der Zeichnung auf Karton, schneiden Sie das Bild mit dem Cutter aus. Diese Schablone läßt sich dann mehrmals verwenden.

Das Ausschneiden

Benutzen Sie stets einen Cutter mit guten Klingen. Stumpf gewordene Schneiden werden abgebrochen und durch eine scharfe ersetzt.

Beachten Sie bei jedem Motiv die Hinweise, welche Teile zuerst ausgeschnitten werden müssen.

Grundsätzlich gilt: mit den kleinen Teilen im Inneren des Fensterbildes beginnen und sich von dort aus zum Rand hin vorarbeiten, damit das Werkstück möglichst lang Stabilität behält und feine Stege nicht so leicht einreißen.

Schneiden Sie zunächst das Motiv großzügig aus dem Karton heraus. So können Sie es auf der Unterlage besser in die gewünschte Position drehen. Die aufgezeichneten Linien sollten – von Ihnen aus gesehen – immer **vor** der Klinge liegen.

Um das Herausschneiden falscher Flächen zu vermeiden, müssen Sie Ihr Arbeitsstück immer wieder mit dem abgebildeten Motiv vergleichen.

Die in der Vorlage durchgehend gezeichneten Linien (————) werden schmal ausgeschnitten, die gestrichelten (– – – –) nur eingeritzt.

Bevor Sie den Außenrand mit der Schere nachschneiden, wird das Aufhängeloch mit der Lochzange ausgestanzt; verwenden Sie dabei ein kleines Stück Karton als Unterlage.

Dann positionieren Sie das Seiden- oder Transparentpapier auf der Rückseite des fertig geschnittenen Bildes und übertragen mit einem Bleistift die zu hinterlegenden Flächen einschließlich Kleberand. Danach wird das aufgezeichnete Teil mit der Schere ausgeschnitten.

Schaben Sie nun mit dem Schaschlikstäbchen ein wenig Klebstoff vom Klebestift ab, und streichen Sie damit die Stege auf der Rückseite des Fensterbildes ein. So vermeiden Sie, daß Klebstoff auf die Vorderseite des Motivs gelangt. Sollte dies dennoch einmal passieren, läßt er sich, solange er noch feucht ist, vorsichtig abreiben.

Wenn Sie benachbarte Flächen hinterlegen möchten, ist es sinnvoll, das Transparentpapier in einem Stück zu arbeiten. Einzelne Klebepunkte auf den dazwischenliegenden Stegen sind zu empfehlen.

Afrikanischer Hirte

Zeichnung siehe Vorlagenbogen

Beginnen Sie mit den Beinen der Tiere und mit den Innenlinien des Umhangs.
Wenn Sie die Fläche oberhalb der Rinder herausschneiden, setzen Sie Ihren Cutter zuerst bei den Hörnern an.

Afrikas Weite

Zeichnung siehe Vorlagenbogen

Arbeiten Sie in dieser Reihenfolge: Augen, Nase, Mund, Wange, Ohr, Ohrring, Haaransatz. Anschließend den Halsschmuck herausschneiden. Den Perlenschmuck stechen Sie mit einer Nadel ein.

Altes Ägypten

Ein wenig kompliziert ist der hübsche Ohrschmuck der Pharaonengattin.

Ritzen Sie zuerst das Muster der Schlange ein, das Auge stechen Sie mit einer Nadel ein. Schneiden Sie um den Schlangenkopf die obere Linie aus.

Während Sie die untere herausarbeiten, müssen Sie den fertigen Motivteil fest auf die Schneideunterlage drükken, damit der Ohrring nicht ausreißt.

Ohr, Auge, Nase, Mund und das Vogelgefieder im Anschluß herausschneiden.

Zeichnung in Originalgröße siehe Vorlagenbogen

Beim Pharao

Etwas einfacher als die Pharaonengattin ist dieser junge Mann, Teil einer altägyptischen Wandmalerei.

Wieder werden die Gesichtszüge und der Schmuck an Hals und Armen als erstes herausgeschnitten.
Für das Mauerwerk benötigen Sie ein Lineal.

Zeichnung in Originalgröße siehe Vorlagenbogen

Rast in der Wüste

Zeichnung in Originalgröße
siehe Vorlagenbogen

Diese Szene ist relativ einfach auszuschneiden.
Beginnen Sie am besten beim Gesicht und der Kleidung des Wüstenmannes, bevor Sie das Kamel ausarbeiten. Der Mond wird doppelt ausgeschnitten, ein Faden wird dazwischengeklebt und am oberen Rand befestigt.

Vorderer Orient

Zeichnung siehe Vorlagenbogen

Der schwierigste Teil dieses Fensterbildes sind die Treppenstufen am Eingang. Sie sollten unbedingt herausgeschnitten werden, bevor die Tür in Angriff genommen wird. Benutzen Sie dafür, ebenso wie für alle anderen waagrechten und senkrechten Linien, ein Lineal.
Bei den Turmspitzen müssen Sie ebenfalls sehr sorgfältig arbeiten, sie brechen leicht ab. Es bietet sich an, sie erst grob auszuschneiden und dann eine Schere zu verwenden.
Die Bodenfliesen sind zum Schluß an der Reihe. Arbeiten Sie zuerst die Rechtecke heraus; dann werden die senkrechten und die waagrechten Fugen eingeritzt. Achtung: Zwischen diesen Linien muß jeweils genügend Abstand eingehalten werden.

Zeichnung Originalgröße

Ein Märchenpalast aus 1001 Nacht...

In der Vorlage finden Sie nur eine Motivhälfte, weil das Bild gegengleich gearbeitet ist.
Lassen Sie sich von den Verzierungen des Eingangs nicht abschrecken – es ist nicht so schwer, wie es aussieht. Mit diesen Schmuckelementen sollten Sie auch beginnen. Bei den Türklinken können Sie eine Schere zu Hilfe nehmen.

Maharadscha auf Reisen

Zuerst werden das Gesicht und die Innenlinien in der Kleidung des Maharadschas gearbeitet. Danach kommen die Ornamente auf den Decken und die Köpfe der Elefanten an die Reihe. Bei den Fransen des Baldachins müssen Sie zuerst die waagrechten, dann die senkrechten kleinen Linien nachziehen. Erst dann werden der Maharadscha und die Pfosten des Baldachins ausgeschnitten.

Zeichnung in Originalgröße siehe Vorlagenbogen

Indische Gottheit

Auch bei der Gottheit mit den vier Armen ist es erforderlich, mit den Gesichtszügen zu beginnen. Dann erst den Haarschmuck, das Kleid und die Innenflächen der Lotusblüten herausarbeiten.

Zeichnung in Originalgröße siehe Vorlagenbogen

Im Pavillon

Außer dem Muster des Kleides, das Sie zuerst herausschneiden sollten, ist eigentlich nur noch der Perlenschmuck etwas aufwendiger.

Stanzen Sie hierzu aus Kartonresten mit dem Locher kleine Scheiben aus; natürlich können Sie die Anzahl beliebig variieren.

Kleine Perlen sind im Bastelgeschäft erhältlich. Arbeiten Sie die Perlenschnüre für die linke und die rechte Seite gleich. Der Faden wird immer zwischen zwei Scheiben geklebt und auf der Rückseite des Pavillons ebenfalls mit Kartonscheiben befestigt. Überstehende Ränder werden mit der Schere weggeschnitten.

Zeichnung in Originalgröße siehe Vorlagenbogen

Ein japanisches Paar

Zeichnung siehe Vorlagenbogen

Dieses japanische Pärchen war ursprünglich ein filigraner Scherenschnitt meiner Freundin, den ich zu einem Fensterbild umgewandelt habe.
Beginnen Sie mit dem kleinen Muster der Kleidung und den Gesichtszügen. Hier würde es sich auch lohnen, die Kleidung mit Seidenpapier zu hinterkleben.

Der Häuptling

Die kleinen Verzierungen des Federschmucks werden zu Beginn ausgeschnitten. Dann erst Gesicht und Federn arbeiten.

Zeichnung siehe Vorlagenbogen

Die Indianerin

Zeichnung siehe Vorlagenbogen

Weil viele kleinere Teile herausgearbeitet werden müssen, macht das Bild der Indianerin etwas mehr Mühe, hat dafür aber auch einen besonderen Reiz.

Beginnen Sie hier bei Gesicht, Haar, Schmuck und Kleidung, lassen Sie dann die Körbe und die Armlinien folgen. Die Perlen werden mit einer Nadel eingestochen.

Danach verzieren Sie den Teppich mit seinem Muster und schneiden zuletzt den Hintergrund aus.

Mühlen im Wind

Auch wenn die Flügel der Windmühle etwas aufwendig aussehen – mit Hilfe eines Lineals sind diese geraden Linien problemlos zu arbeiten. Damit sollten Sie bei Ihrem holländischen Fensterbild auch beginnen.

Zeichnung siehe Vorlagenbogen

Ein holländisches Trachtenpaar

Bei diesem Pärchen sollten Sie mit den Gesichtszügen beginnen, dann die Kleidung herausschneiden.

Die Knöpfe an der Jacke des Mannes werden mit einer Nadel eingestochen.

Zeichnung siehe Vorlagenbogen

An der Nordseeküste

Dies ist ein sehr einfaches Motiv und ideal für Anfänger.

Beginnen Sie mit den Innenflächen des Leuchtturms. Die Möwe kleben Sie zum Schluß von vorn auf das Seidenpapier.

Zeichnung siehe Vorlagenbogen

In der Lüneburger Heide

Zeichnung siehe Vorlagenbogen

Zuerst werden die Linien in der Tür, dann das Fachwerk und der Zaun herausgeschnitten. Im obersten Feld, dem Himmel, beginnen Sie bei dem Wappentier der Niedersachsen, den Rossen und dem Storchennest.

Sie können das Bild zusätzlich beleben, indem Sie einige Flächen doppelt oder dreifach mit Seidenpapier hinterkleben.

Blick auf die Berge

Zeichnung siehe Vorlagenbogen

Eine etwas komplizierte Stelle dieses Motives ist der Fensterausschnitt des Kirchturms.

Zuerst schneiden Sie die Innenflächen der Rundbogenfenster, dann den Außenrahmen. Wenn Sie im Anschluß die seitliche Begrenzung der Fenster arbeiten, müssen Sie die dünnen Stege fest auf die Arbeitsunterlage drükken, damit sie nicht einreißen.
Bei dem Kreuz am anderen Gebäude ist es von Vorteil, wenn Sie eine Schere zu Hilfe nehmen.

In den Alpen

Bevor Sie die Flächen der Landschaft herausschneiden, fertigen Sie die Innenausschnitte des Alphornbläsers, Gesicht, Arme und Anzug.

Beim Hinterkleben mit Seiden- oder Transparentpapier können Sie sich Arbeit ersparen, wenn Sie benachbarte Flächen aus einem Stück arbeiten.

Zeichnung in Originalgröße siehe Vorlagenbogen

Deutsche Burgen-landschaft

Bei dieser prächtigen Burgenlandschaft ist es sinnvoll, mit den kleinen Fenstern zu beginnen.

Beim Heraustrennen des Hintergrundes schneiden Sie zuerst die Bäume.

Zeichnung siehe Vorlagenbogen